Ratgeber aggressives und oppositionelles Verhalten bei Kindern

Ratgeber Kinder- und Jugendpsychotherapie
Band 3

Ratgeber aggressives und oppositionelles Verhalten bei Kindern

Prof. Dr. Franz Petermann, Prof. Dr. Manfred Döpfner,
PD Dr. Anja Görtz-Dorten

Herausgeber der Reihe:

Prof. Dr. Manfred Döpfner, Prof. Dr. Dr. Martin Holtmann,
Prof. Dr. Franz Petermann

Begründer der Reihe:

Manfred Döpfner, Gerd Lehmkuhl, Franz Petermann

Franz Petermann
Manfred Döpfner
Anja Görtz-Dorten

Ratgeber aggressives und oppositionelles Verhalten bei Kindern

Informationen für Betroffene, Eltern, Lehrer und Erzieher

3., überarbeitete Auflage

Prof. Dr. Franz Petermann, geb. 1953. Seit 1991 Lehrstuhl für Klinische Psychologie an der Universität Bremen und seit 1996 Direktor des Zentrums für Klinische Psychologie und Rehabilitation.

Prof. Dr. Manfred Döpfner, geb. 1955. Seit 1989 Leitender Psychologe an der Klinik und Poliklinik für Psychiatrie und Psychotherapie des Kindes- und Jugendalters der Universität zu Köln und dort seit 1999 Professor für Psychotherapie in der Kinder- und Jugendpsychiatrie.

PD Dr. rer. medic., Dipl.-Psych., Dipl.-Heilpäd. Anja Görtz-Dorten, geb. 1968. Seit 2000 Leiterin des Instituts für Klinische Kinderpsychologie der Christoph-Dornier-Stiftung an der Universität Köln und Leitung des Bereiches Evaluation am Ausbildungsinstitut für Kinder- Jugendlichenpsychotherapie an der Uniklinik Köln (AKiP) und der Klinik und Poliklinik für Psychiatrie und Psychotherapie des Kindes- und Jugendalters am Klinikum der Universität zu Köln.

Die erste und zweite Auflage des Buches sind unter dem Titel „Ratgeber Aggressives Verhalten" unter der Autorenschaft von Franz Petermann, Manfred Döpfner und Martin H. Schmidt erschienen.

Bibliografische Information der Deutschen Nationalbibliothek

Die Deutsche Nationalbibliothek verzeichnet diese Publikation in der Deutschen Nationalbibliografie; detaillierte bibliografische Daten sind im Internet über http://dnb.dnb.de abrufbar.

Hogrefe Verlag GmbH & Co. KG
Merkelstraße 3
37085 Göttingen
Deutschland
Tel.: +49 551 999 50 0
Fax: +49 551 999 50 111
E-Mail: verlag@hogrefe.de
Internet: www.hogrefe.de

Umschlagabbildung: Getty Images © Echo
Illustrationen: Klaus Gehrmann, Freiburg, www.klausgehrmann.net
Satz: Beate Hautsch, Göttingen
Druck: Media-Print Informationstechnologie GmbH, Paderborn
Printed in Germany
Auf säurefreiem Papier gedruckt

3., überarbeitete Auflage 2016

(E-Book-ISBN [PDF] 978-3-8409-2649-5; E-Book-ISBN [EPUB] 978-3-8444-2649-6)
ISBN 978-3-8017-2649-2
http://doi.org/10.1026/02649-000

Zielsetzung des Ratgebers

Dieser Ratgeber gibt eine knappe Übersicht über die Erscheinungsformen, die Ursachen, den Verlauf und die Behandlungsmöglichkeiten aggressiven und oppositionellen Verhaltens bei Kindern. Wir möchten damit Eltern, Erziehern und Lehrkräften eine erste Orientierung geben, wenn sie mit dieser sehr häufigen Problematik in der Familie oder im Beruf konfrontiert werden. Für diese Lesergruppe enthält der Ratgeber Hinweise über die Ursachen aggressiven Verhaltens und wie man in der Familie, in der Schule oder im Kindergarten mit dieser Problematik besser zurechtkommen kann. Bei den ausgewählten Beispielen und Hinweisen beziehen wir uns auf Kinder bis zur Altersgruppe von ungefähr 12 Jahren.

Dieser Ratgeber ist Bestandteil der Reihe Leitfaden Kinder- und Jugendlichenpsychotherapie und soll den entsprechenden Band unserer Autorengruppe (Petermann, Döpfner & Görtz-Dorten, 2016) ergänzen. Umfassendere Informationen und Ratschläge für Eltern, Lehrkräfte und Erzieher können dem Buch *Wackelpeter und Trotzkopf, Hilfen bei hyperkinetischem und oppositionellem Verhalten* (Döpfner, Schürmann & Lehmkuhl, 2011) entnommen werden.

Vielfach werden Betroffene bei einer so stabilen Problematik, wie sie das aggressive Verhalten häufig bildet, nicht ohne professionelle Hilfe auskommen. Für Kinder- und Jugendlichenpsychotherapeuten (mit Schwerpunkt Verhaltenstherapie) stehen umfassende Therapiemanuale zur Verfügung (z.B. *Training mit aggressiven Kindern* von Petermann & Petermann (2012); *Therapieprogramm für Kinder mit hyperkinetischem und oppositionellem Problemverhalten (THOP)* von Döpfner, Schürmann & Frölich (2013); *Therapieprogramm für Kinder mit aggressivem Verhalten (THAV)* von Görtz-Dorten & Döpfner (2010)).

Bremen und Köln, im Januar 2016 *Franz Petermann, Manfred Döpfner und Anja Görtz-Dorten*

Inhaltsverzeichnis

1 Kennen Sie das?

Mit dem neunjährigen Tom gibt es ständig Ärger, vor allem in der Schule. Kein Tag vergeht, ohne dass die Eltern mit Beschwerden von der Schule, den Nachbarn und Gleichaltrigen konfrontiert werden. Einmal hat Tom seine Klassenlehrerin beschimpft und ein anderes Mal einem Mitschüler die Nase blutig geschlagen. Stellt die Mutter Anforderungen an Tom, dann erntet sie wüste Beschimpfungen, die damit enden, dass Tom wütend die Wohnung verlässt und erst spät (zu spät) nach Hause kommt. Stellt ihn der Vater dann am Abend zur Rede, so antwortet Tom nicht. Strafen nimmt er wortlos hin – seine Wut lässt er dann an jüngeren Kindern aus. Es ist klar, dass Tom bei seinen Kameraden nicht beliebt ist – er bedroht seine Kameraden und gilt als Störenfried.

© Klaus Gehrmann

Die 12-jährige Julia läuft schon mal abends von zu Hause weg und kommt erst am nächsten Tag wieder. Manchmal wird sie auch nachts am Hauptbahnhof von der Polizei aufgegriffen und nach Hause gebracht. Schon seit drei Jahren kommt es immer wieder vor, dass Julia auch teure Gegenstände im Kaufhaus stiehlt. Obwohl sie schon mehrmals von den Kaufhausdetektiven der Polizei „gemeldet“ wurde, kommt Julia immer mit einem blauen Auge davon, da sie noch nicht strafmündig ist. Im Stillen freut sich Julia, dass sie ihren Eltern so viel Ärger macht, da sie sich von ihnen abgelehnt und schlecht behandelt glaubt. Julia ist es auch völlig egal, wie es mit ihr in der

© Klaus Gehrmann

Zukunft weiter geht; man hat ihr schon oft angedroht, dass sie in ein Erziehungsheim kommt – das lässt sie völlig kalt, da sie glaubt, immer oben auf zu schwimmen!

Solche aggressiven Verhaltensweisen machen uns betroffen, sie erfordern eine Reaktion und verpflichten uns als Eltern, Erzieherinnen und Lehrkräfte dem „aus der Bahn-Geratenen“ zu helfen und ihm Sicherheit und Orientierung zu geben. Um diese schwierige Aufgabe erfolgreich bewältigen zu können, benötigt man Hinweise und Strategien, die wir Ihnen im Weiteren geben wollen. Packt man den Umgang mit aggressiven Kindern falsch an, dann führt aggressives Verhalten schnell zur Eskalation, die man nicht mehr „friedvoll“ beeinflussen kann. Kinder lernen sehr schnell, dass sie durch Aggressionen Erwachsene und Gleichaltrige unter Druck setzen können. Sie merken, wie schutzlos Erwachsene und Gleichaltrige den Attacken eines aggressiven Angriffes ausgeliefert sind. Manche Kinder kosten auch die eigene Macht sowie die beim Gegenüber erzeugte Ohnmacht aus.

2 Woran erkenne ich Kinder mit aggressivem Verhalten?

Wir verwenden im Folgenden den Ausdruck „aggressives Verhalten“ als Sammelbegriff für verschiedene Auffälligkeiten. Diese Verhaltensweisen reichen von der gereizten Stimmung, dem Beschimpfen anderer Personen, dem Gerüchte in die Welt setzen (auch über das Internet), über die gezielte Sachbeschädigung bis zur körperlichen Aggression. Immer steht bei diesem auffälligen Verhalten eine Schädigungsabsicht im Vordergrund. Die Schädigung kann offen und erkennbar erfolgen, aber auch verdeckt („hinterhältig“). Eine Schädigung kann direkt auf eine Person bezogen sein oder sich gegen den Besitz einer Person richten.

Selbstverständlich tritt auch störendes Verhalten, ohne gezielte Schädigungsabsicht auf. Diese Erscheinungsform ist besonders für jüngere Kinder (im Vorschulalter) kennzeichnend. Für ein solches Trotzverhalten ist die Bezeichnung „oppositionelles Verhalten“ angemessen. Unter „oppositionellem Verhalten“ versteht man eine generelle Verweigerungshaltung, die sich in verbalen Äußerungen und Verhaltensweisen gegenüber Erwachsenen zeigt; vielfach wird dieses Verhalten als aufsässig und provokant oder gar feindselig empfunden. Solche Kinder werden schnell ärgerlich und wütend, sie reagieren boshaft, aber auch empfindlich, sind schnell beleidigt und nachtragend. Ein Kind mit oppositionellem Verhalten streitet sich häufig mit Erwachsenen, aber auch anderen Kindern, ärgert andere absichtlich, hält sich nicht an Regeln und Anweisungen. Solche Kinder sind zudem nicht in der Lage, eigenes Fehlverhalten zu erkennen. Auf der Basis dieser Beschreibung kann man Kinder mit aggressivem und oppositionellem Verhalten kaum unterscheiden.

Stellen wir nochmals die Unterschiede zwischen oppositionellem und aggressivem Verhalten gegenüber:

- *Oppositionelles Verhalten* kann schon in den ersten Lebensjahren bei Kindern auftreten und ist auch Teil einer völlig normalen Entwicklung. Die meisten Kinder durchlaufen solche Trotzphasen. Allerdings kann oppositionelles Verhalten auch schon früh in einer extrem ausgeprägten Form auftreten und zu erheblichen Beziehungsproblemen führen.
- *Aggressives Verhalten* im engeren Sinne äußert sich gegenüber Menschen und Tieren als gezielt schädigendes Verhalten. Durch dieses Verhalten

werden die Rechte einer anderen Person grundlegend verletzt sowie altersentsprechende Regeln und Normen nicht eingehalten. Aggressiven Kindern ist meist bewusst, dass sie die Rechte anderer verletzen und manche Kinder genießen diesen Tatbestand. Konkret äußert sich aggressives Verhalten im engeren Sinne darin, dass ein Kind andere häufig bedroht, einschüchtert, schlägt oder Gegenstände als Waffen einsetzt. Kinder mit aggressivem Verhalten können zu anderen Menschen körperlich grausam sein oder auch Tiere lustvoll quälen.

Allerdings muss man die Formen aggressiven Verhaltens weiter unterscheiden: In den letzten Jahren hat sich die Unterteilung in reaktive Aggression und proaktive Aggression bewährt. Der Zusatz „reaktiv“ will verdeutlichen, dass sich solche Kinder verteidigen, also auf eine vermeintliche Feindseligkeit reagieren – sie fühlen sich ungerecht behandelt, angegriffen und aus ihrer Sicht „verteidigen“ sie sich nur. Wesentliches Merkmal dieser Aggression ist, dass sie vorwiegend ärger- und wutgesteuert ist.

Proaktive Aggression ist meist eine kühl geplante „Attacke“. Aus Berechnung heraus soll einer anderen Person ein Schaden zugefügt werden, dabei steht der persönliche Vorteil im Vordergrund.

3 Wann kann man von einem aggressiven Verhalten sprechen?

Alle Kinder verhalten sich gelegentlich aggressiv, befolgen Anweisungen nicht und halten Regeln nicht ein. Ein ausgeprägt aggressives Verhalten verursacht jedoch erhebliche Beeinträchtigungen und hat negative Folgen in familiären, sozialen und schulischen Lebensbereichen. Die oben genannten Verhaltensweisen sollten besonders dann beachtet werden und zu therapeutischen Maßnahmen führen, wenn diese über mehrere Monate regelmäßig, häufig und stark ausgeprägt zu beobachten sind, wenn sie nicht nur gegenüber einer Person auftreten und wenn sie nicht nur in einem, sondern in mehreren Lebensbereichen (in der Familie, der Schule, bei Gleichaltrigen usw.) registriert werden können.

In den meisten Fällen leiden Eltern, Erzieher oder Lehrkräfte aber auch Geschwister oder andere Kinder unter dem aggressiven Verhalten. Bei einem Kind, das aggressives Verhalten zeigt, ist oft kein Leidensdruck erkennbar, obwohl sich viele dieser Kinder in ihrer Lage nicht wohlfühlen. Meist haben sie zwar kurzfristig mit ihrem Verhalten einen gewissen Erfolg, langfristig haben sie jedoch viele Nachteile, die sie spätestens im jungen Erwachsenenalter als solche erkennen.

Die im folgenden Kasten dargestellte Verhaltensliste soll dabei helfen, das Ausmaß aggressiven Verhaltens einschätzen zu können.

Merke: Liste für aggressives und oppositionelles Verhalten

1. Hat für sein Alter ungewöhnlich häufige oder schwere Wutausbrüche oder wird schnell wütend.
2. Streitet häufig mit Erwachsenen.
3. Widersetzt sich häufig aktiv den Anweisungen oder Regeln von Erwachsenen oder weigert sich, diese zu befolgen.
4. Ärgert andere häufig absichtlich.
5. Schiebt häufig die Schuld für eigene Fehler oder eigenes Fehlverhalten auf andere.
6. Ist leicht reizbar oder lässt sich von anderen leicht ärgern.
7. Ist häufig zornig und ärgert sich schnell.
8. Ist häufig boshaft oder rachsüchtig.
9. Beginnt mit Geschwistern häufig Streit.

10. Beginnt mit anderen Kindern häufig Streit.
11. Bedroht, schikaniert oder schüchtert andere ein.
12. Quält Tiere.
13. Setzt gezielt Gerüchte in die Welt, um andere Kinder oder Erwachsene zu verletzen.
14. Schließt absichtlich andere Personen von Gruppenaktivitäten aus.
15. Verbreitet boshafte Dinge (Texte, Fotos oder Videos) über Handy oder das Internet, um anderen Schaden zuzufügen oder zu demütigen.

Wenn Sie sich mit dieser Liste eine erste Orientierung verschaffen möchten, sollten Sie jedoch aus Ihren Beobachtungen noch keine Diagnose ableiten, sondern dies der eingehenden Untersuchung durch einen Kinder- und Jugendlichenpsychotherapeuten oder Kinder- und Jugendpsychiater oder Klinischen Kinderpsychologen überlassen. Da häufig eine Störung in mehreren Lebensbereichen vorliegt, müssen Spezialisten in der Regel zusätzlich auch Lehrkräfte oder Erzieher befragen.

4 Welche weiteren Probleme treten häufig noch auf?

Aggressives Verhalten tritt selten isoliert auf; folgende Probleme kann man besonders häufig als zusätzliche Beeinträchtigungen beobachten:

- *Hyperaktivität, Impulsivität und Unaufmerksamkeit.* Viele Kinder mit aggressivem Verhalten sind zusätzlich sehr unruhig und impulsiv und es fällt ihnen schwer, sich über längere Zeit zu konzentrieren. Diese Problematik liegt in gut der Hälfte der Fälle der jüngeren aggressiven Kinder vor. Im Kindergarten- oder Vorschulalter tritt das hyperkinetische Verhalten meistens zuerst auf. Später verhält sich das Kind auch oppositionell und aggressiv.
- *Schulprobleme.* Viele Kinder mit aggressivem Verhalten haben schon im Kindergarten in manchen Bereichen erkennbare Entwicklungsrückstände, zum Beispiel in der Sprache oder auch beim Malen. In vielen Fällen kann man dann in der Eingangsphase der Grundschule oppositionelles Trotzverhalten beobachten. Dieses Verhalten trägt dazu bei, dass der Unterricht erheblich gestört wird und die Konzentration auf Lerninhalte reduziert ist. Da störende Schüler häufig von ihren Mitschülern und manchmal auch von Lehrkräften abgelehnt oder kritisch bewertet werden, beginnt ein Teufelskreis von Lern- und Verhaltensproblemen, der sich negativ auf die Schullaufbahn des Kindes auswirkt. Manchmal stehen aber auch Entwicklungsrückstände und Lernschwierigkeiten am Anfang der Entwicklung und die Kinder reagieren aggressiv, weil sie bestimmte Anforderungen nicht bewältigen können.

- *Mangelnde soziale Kompetenzen.* Vielfach können Kinder mit aggressivem Verhalten Gefühle bei sich und anderen Personen nicht erkennen und benennen. Im Schulalter „ecken“ sie verstärkt an, da sie die Bedürfnisse ihrer Mitschüler nicht erkennen und respektieren. Sie setzen sich mit aggressiven Mitteln durch, da sie über geringe soziale Kompetenzen verfügen.
- *Ablehnung durch Gleichaltrige.* Aggressiv auffällige Kinder berichten zwar, dass sie viele Freunde haben und sozial anerkannt sind. Befragt man jedoch ihre Alterskameraden, dann wird deutlich, dass Kinder mit aggressivem Verhalten von unauffälligen Kindern abgelehnt werden. Sie gelten als Störenfriede (z. B. in Spiel- oder Unterrichtssituationen), sie kooperieren nicht und missachten die Rechte anderer. Viele dieser Kinder sind ständig bestrebt, über andere Personen und ihre Tätigkeiten zu bestimmen, was ebenfalls bewirkt, dass sie von Gleichaltrigen abgelehnt werden.
- *Selbstwertprobleme und Depressivität.* Obwohl aggressiv auffällige Kinder auf den ersten Blick stark wirken, leiden doch viele von ihnen an einem mangelnden Selbstvertrauen und Selbstwertgefühl und zeigen schon im Grundschulalter depressives Verhalten. Diese Entwicklung kann die Folge von aggressivem Verhalten und den damit verbundenen vielfältigen Misserfolgen und Zurückweisungen in der Familie, der Schule und in der Gleichaltrigengruppe sein.
- *Eltern-Kind-Konflikte.* Aufgrund des aggressiven Verhaltens treten Eltern-Kind-Konflikte besonders häufig auf; vielfach wird dadurch aggres-

© Klaus Gehrmann

sives Verhalten verstärkt und langfristig verfestigt. So können Konflikte mit den Eltern dazu beitragen, dass Kinder mehr Zeit mit auffälligen Gleichaltrigen verbringen, wodurch ein neuer Teufelskreis gebahnt ist. Des Weiteren können starke Eltern-Kind-Konflikte den Selbstwert der Kinder beeinträchtigen, wenn diese Konflikte von den Kindern als Zurückweisung und fehlende Zuneigung der Eltern erlebt werden. Massive Eltern-Kind-Konflikte wirken sich jedoch nur dann besonders negativ auf die Entwicklung des Sozialverhaltens eines Kindes aus, wenn keine positiven Familienaktivitäten vorliegen, das heißt der Wert eines harmonischen familiären Zusammenlebens unbekannt oder nicht aktualisiert werden kann.

- *Belastete Beziehungen zu anderen Bezugspersonen.* Die eben dargestellten Aussagen zu möglichen Auswirkungen von Eltern-Kind-Konflikten besitzen auch für die übrigen Bezugspersonen Gültigkeit. Dies trifft auf den Kindergarten und die Schule in gleicher Weise zu. Häufig übertragen Kinder die Kommunikationserfahrungen aus dem familiären Bereich auf das weitere soziale Umfeld.

5 Wie verläuft die weitere Entwicklung?

Einige Kinder mit aggressivem Verhalten zeigen häufig bereits im ersten Lebensjahr ein schwieriges Temperament; das heißt sie weisen Ein- und Durchschlafprobleme und/oder Verdauungsprobleme auf, häufig waren sie auch „Schreibabys“. Prinzipiell muss man anmerken, dass frühe Auffälligkeiten zwar ein Entwicklungsrisiko und eine besondere Herausforderung an die Eltern darstellen, jedoch eine bewältigbare Aufgabe (mit und ohne professionelle Hilfe) bilden. Allerdings setzt dies ein angemessenes Elternverhalten voraus. So sind die möglichen Risiken, die „Schreibabys“ aufweisen, noch kein Hinweis, dass solche Kinder zwangsläufig, aggressive Auffälligkeiten zeigen. Klinische Kinderpsychologen und Kinderpsychiater haben in den letzten Jahren eine Vielzahl von Studien durchgeführt, mit denen man die Entwicklung aggressiver Kinder beschreiben kann. Folgende Entwicklungsschritte lassen sich unterscheiden:

Im *Kindergartenalter* tritt aggressives Verhalten besonders häufig auf. Die Kinder fallen durch extreme Wutanfälle auf; sie beachten vereinbarte Grenzsetzungen, Regeln und Anweisungen nicht. Meist treten diese Verhaltensprobleme zuerst in der Familie auf und später auch im Kindergarten oder anderen Situationen. In dieser Altersgruppe verfügen die meisten Kinder noch nicht über eine differenzierte Sprache, mit deren Hilfe sie sich verständigen und mögliche Konflikte in nichtaggressiver Weise „aushandeln“ können. Vielfach ist im Kindergarten die Emotions- und Impulskontrolle auch noch nicht gut ausgebildet. Häufig tun sich Kinder in der Kindergartengruppe schwer, abzuwarten. Sie haben nicht gelernt, kurzfristig einen Impuls oder ein Bedürfnis aufzuschieben (= Belohnungsaufschub). Die Eltern und Erzieherinnen im Kindergarten sind häufig sehr stark durch dieses Problemverhalten des Kindes belastet, was von den Bezugspersonen ein hohes Ausmaß an Geduld verlangt. Bei den meisten Kindern vermindern sich die aggressiven Verhaltensprobleme noch im Verlauf des Kindergartenalters bis zum Zeitpunkt der Einschulung. Offensichtlich lernen viele Kinder in diesem Lebensabschnitt – bei guter Anleitung – eine hinreichende Emotionsregulation.

Bei einigen Kindern nehmen die Verhaltensprobleme durch die *Einschulung* und die damit verbundenen Belastungen deutlich zu. Das aggressive Verhalten differenziert sich stärker aus, das heißt in immer mehr Bereichen

(Freunde, Familie, Schule) treten Verhaltensprobleme zu Tage. Vielfach schöpfen die Kinder aus dem negativen Verhalten kurzfristige Bestätigung und freuen sich zum Beispiel daran, über andere Macht auszuüben. Die oft schnell einsetzenden schulischen Leistungsprobleme verstärken die Verhaltensproblematik.

Bei manchen Kindern verstärkt sich mit zunehmendem Alter das aggressive Verhalten und dissoziale Verhaltensweisen treten hinzu, hauptsächlich in Form von Schuleschwänzen, ausgeprägtem Lügen und Stehlen. Bei vielen Kindern, die über Jahre die Schule als negativ erlebt haben, tritt eine extreme Abneigung gegen alles auf, was mit schulischer Leistung zu tun hat.

6 Was sind die Ursachen?

Die Ursachen aggressiven Verhaltens liegen sowohl im Erziehungsverhalten der Eltern und/oder anderer wichtiger Bezugspersonen als auch in den sich über Jahre herausgebildeten sozialen und emotionalen Problemen eines Kindes. Aber auch grundlegende Temperamentsmerkmale, mit denen Kinder schon geboren werden, scheinen bei manchen Kindern eine wichtige Rolle zu spielen. Die Tatsache, dass viele Kinder mit hyperkinetischen Auffälligkeiten später auch aggressives Verhalten entwickeln, weist darauf hin, dass auch biologische Merkmale eine Rolle spielen können. Man weiß nämlich mittlerweile, dass hyperkinetische Auffälligkeiten vor allem durch erbliche Faktoren bedingt sind. Insgesamt spielen jedoch die Umwelteinflüsse bei der Entwicklung von aggressivem Verhalten die wichtigste Rolle.

Wir wollen zunächst das *Erziehungsverhalten* durchleuchten. Zu viele Ge- und Verbote können Aggressionen bei Kindern fördern. So erhöhen zu viele, vor allem unbegründete Einschränkungen oder widersprüchliche Anweisungen von Erwachsenen aggressives Verhalten. Der damit verbundene massive Druck der Eltern auf aggressives Verhalten ihres Kindes senkt die Kooperationsbereitschaft des Kindes, steigert die Verhaltensproblematik und verfestigt ungünstiges Interaktionsverhalten zwischen Eltern und Kind. Die Eltern geben hierbei ein ungünstiges Modell für ihre Kinder ab und häufig stellen sich aufschaukelnde Teufelskreise in den Familien ein (vgl. Kasten „Teufelskreis in der Erziehung“ auf S. 25).

Aber auch zu wenige Ge- und Verbote können aggressives Verhalten verursachen oder begünstigen. In solchen Fällen erhält ein Kind in der Erziehung keine hinreichende soziale Orientierung über Verhaltensweisen, die angemessen, nur in Ausnahmefällen gestattet oder nicht akzeptabel sind. Erfolgen solche Vorgaben von Eltern und Bezugspersonen nicht oder in sehr vager Form, dann wird in der Folge aggressives Verhalten zum Ausloten der Grenzen eingesetzt. Vielfach nimmt in den letzten Jahren aggressives Verhalten deshalb zu, weil Eltern und andere Bezugspersonen sich schwer tun, begründbare Anforderungen oder Regeln auszusprechen und konsequent abzuverlangen oder sinnvoll Grenzen zu setzen.

Oft erhalten aggressiv auffällige Kinder zudem nur negative Rückmeldungen (Strafe, Nörgeln, mangelnde Beachtung) von ihren Bezugspersonen. In diesen Fällen erfährt ein Kind zwar, was es *nicht* darf, erhält aber – im Sinne eines Vorschlages oder Vorbildes – keinen Hinweis, welches Verhalten angemessen wäre. Auffallend ist in solchen Fällen, dass sich die Eltern und andere Bezugspersonen gegenüber einem Kind ablehnend verhalten. Vielfach werden auch unrealistische Erwartungen an das Kind gestellt, die aus einer verzerrten Bewertung der Entwicklungs- und Leistungsmöglichkeiten des Kindes resultieren. Zudem sind manche Eltern und Bezugspersonen aus Zeitgründen oder aufgrund von Stress schnell „erregbar", insbesondere bei Anlässen, in denen konsequentes und ruhiges Verhalten gegenüber einem Kind erforderlich ist; dies erzeugt oft ein inkonsequentes, willkürliches Verhalten dem Kind gegenüber.

Natürlich können Kinder auch aufgrund einer inkonsequenten, verwöhnenden Erziehungshaltung heraus, aggressives Verhalten entwickeln. So tritt in vielen Familien mit aggressiven Kindern eine geringe Wertschätzung gegenüber Personen und Gegenständen auf. Eltern klagen in diesen Fällen oft darüber, dass es ihren Kindern an Wertschätzung gegenüber alltäglichen Dingen (z. B. Spielsachen, Essen) fehlt. Diese Gegenstände werden „sich einverleibt" oder einfach zerstört. Ursachen für diese geringe Wertschätzung liegen einerseits in einem undifferenzierten, materiellen Konsumüberangebot durch die Eltern und andererseits in einer mangelnden Konsequenz im Abverlangen von Aufgaben und Pflichten, im Nicht-Verwehren von Wünschen oder in der fehlenden Beteiligung des Kindes (im Sinne einer Wiedergutmachung), wenn dieses durch aggressives Verhalten einen Schaden angerichtet hat.

Hieraus resultiert bei Kindern häufig die Tendenz, Anstrengungen zu vermeiden. In der Folge können auch niedrige Anforderungen nicht mehr vom Kind erfolgreich bewältigt werden. Die sich einstellenden Misserfolge können die Frustrationsschwelle eines Kindes zusätzlich herabsetzen und aggressives Verhalten schneller auslösen. Verändert man in dieser Phase das Erziehungsverhalten, indem man die Anforderungen an ein Kind schrittweise erhöht und ihm konsequent Pflichten und Aufgaben abverlangt, ist es sehr wahrscheinlich, dass ein Kind zunächst verstärkt aggressives Verhalten zeigt. Erst nach einer gewissen Zeit und bei einer entsprechend konsequenten Haltung entwickelt ein Kind angemessenes Sozialverhalten.

Selbstverständlich bilden sich bei aggressiven Kindern verschiedene Eigenheiten heraus, mit denen sie ihr aggressives Verhalten selbst verstärken und sich positive Entwicklungen „verbauen". Diese Selbstverstärkung aggressiven Verhaltens ergibt sich aus einem einfachen Prinzip: Kinder dominieren mit aggressivem Verhalten andere im Sozialkontakt, sie setzen ihre Interessen häufig in unberechtigter Weise durch und haben „Erfolg auf ganzer Linie". Der „Erfolg" wird besonders intensiv erlebt, wenn andere sich ängstlich anpassen und sich der „Macht" beugen.

Generell ist die Gestaltung des Sozialkontaktes bei aggressiven Kindern auffällig. So weisen viele Kinder mit aggressivem Verhalten eine eingeengte oder verzerrte Wahrnehmung im Kontakt zu anderen Personen auf: Viele nichtaggressive Verhaltensweisen, wie schnelle, ruckartige Bewegungen, ein zu langes Angeschautwerden und Ähnliches, werden von den Kindern als Angriff interpretiert. Diese in der Regel fälschlicherweise unterstellte Feindseligkeit führt zu folgenschweren Wahrnehmungsverzerrungen und stellen ein typisches Kennzeichen aggressiver Kinder dar, das dazu führt, dass aggressives Verhalten bei Kindern zu schnell ausgelöst wird. Man hat oft den Eindruck, dass diese Kinder sich in einer erhöhten Alarmbereitschaft befinden und aus dieser heraus ständig auf Angriffe ihrer Umwelt warten. Diese erhöhte Alarmbereitschaft hat ihre Ursache darin, dass Kinder mit aggressivem Verhalten offensichtlich nicht gelernt haben, ihr Gegenüber in einer gegebenen Situation richtig einzuschätzen. So erkennen diese Kinder nicht, was der Interaktionspartner eigentlich beabsichtigt und unterstellen ihm zu häufig eine feindselige Absicht. Sie interpretieren eine Handlung zu häufig als bedrohlich oder aggressiv und reagieren darauf vorbeugend mit „Verteidigung".

Neuere neurowissenschaftliche Forschungsergebnisse verdeutlichen bei Kindern mit aggressivem Verhalten im Kindergartenalter weitere Probleme in der sozialen Wahrnehmung. So können aggressive Kinder beginnende Ärgergefühle ihrer Mütter im Sozialkontakt nicht frühzeitig erkennen, verpassen damit den richtigen Zeitpunkt, zu dem noch eine konfliktfreie Umsteuerung ihres Problemverhaltens hin zur Kooperation möglich wäre. Durch diese unzureichende Fähigkeit, die frühen Anzeichen einer Ärgerreaktion naher Bezugspersonen zu erkennen, „stolpern" Kindergartenkinder mit aggressivem Verhalten in Konflikte.

Aggressiv auffälligen Kindern fällt es schwer, sich ohne Aggression gegenüber anderen Personen zu behaupten. Diese Kinder können sich nicht kompromissbereit und kooperativ mit anderen auseinandersetzen, da in ihrem Leben ein solch positives Sozialverhalten kaum gefördert und eingeübt wurde. Ganz schwerwiegende Folgen ergeben sich daraus, wenn Kinder mit aggressivem Verhalten ihr Bedürfnis nach zwischenmenschlicher Zuwendung durch aggressives Verhalten abdecken. Sie finden oder erkennen keinen anderen Weg, Kontakte zu schließen und aufrechtzuerhalten. Ihnen fehlt also die Erfahrung, über kooperatives Spiel, Hilfestellung und Ähnliches Freunde zu gewinnen.

Für Kinder mit aggressivem Verhalten ist es typisch, dass sie keine Misserfolge „verkraften können". Diese mangelnde Fähigkeit der Impuls- und Selbstkontrolle ergibt sich aus der Tatsache, dass diese Kinder ihre Handlungen nicht verzögern können. Ihnen gelingt es nicht, zum Beispiel über beruhigende Worte („Ich bleibe ruhig und zähle bis zehn!"), über ihr Verhalten nachzudenken und positiv zu beeinflussen. Offensichtlich besitzen Kinder mit aggressivem Verhalten eine geringe Fähigkeit, aggressive Impulse zu steuern oder frühzeitig in positive Aktivitäten umzulenken (z. B. mit dem anderen reden und nach Gründen für einen Umstand fragen).

Vielfach sind aggressiv auffällige Kinder über die negativen Folgen ihres Sozialverhaltens überrascht oder gar schockiert. Man beobachtet bei aggressiv auffälligen Kindern, wie erschrocken diese sind, wenn man ihnen die Lage dessen vor Augen führt, der Opfer ihrer Aggression wurde. Dieser Umstand spricht dafür, dass Kinder mit aggressivem Verhalten sich wenig in die Lage des Gegenübers versetzen können, also ein vermindertes Einfühlungsvermögen besitzen, um die Notlage des Gegenübers realistisch einschätzen zu können. Positives Einfühlungsvermögen („Mitleidsfähigkeit") kann aggressives Verhalten verhindern. So spricht vieles dafür, dass positives Einfühlungsvermögen eine wichtige Vorbedingung dafür bildet, massive Formen der Aggression bei Kindern zu verhindern.

7 In welchen Teufelskreis geraten Eltern und andere Bezugspersonen häufig?

Zu den direkten Erziehungseinflüssen gehören ungünstige Interaktionen zwischen Eltern und Kind, die als Teufelskreis beschrieben werden können, d. h. zu folgenschweren Aufschaukelungsprozessen führen können. Ein solcher Teufelskreis führt – meist unbeabsichtigt – zu immer massiveren Formen der wechselseitigen Provokation und erpresserischem Verhalten zwischen Kind und Erwachsenen. Treten solche Teufelskreise gehäuft in familiären Interaktionen auf, dann ist es auch sehr wahrscheinlich, dass diese mit anderen Bezugspersonen des Kindes im Kindergarten oder in der Schule ebenfalls beobachtbar sind.

Diese Teufelskreise umfassen verschiedene Stufen, die im folgenden Kasten erläutert werden. Wesentlich dabei ist, dass aus einem geringen Anlass, aus einer ungünstigen Ausgangslage, ein Teufelskreis aus aggressivem Verhalten resultiert. Solche Interaktionen laufen in der Familie, dem Kindergarten und der Schule nach demselben Muster ab.

Merke: Teufelskreis in der Erziehung

1. *Ausgangslage:* Eltern oder die Bezugsperson des Kindes begegnen oftmals bereits genervt durch beruflichen und familiären Stress (z.B. kleinere, aber ständige Konflikte mit dem „Problemkind") mit einer angespannten Haltung dem Kind.
2. *Anforderungen des Kindes:* Das Bedürfnis nach sofortiger Zuwendung auf Seiten des Kindes wird von den Erwachsenen häufig nicht angemessen wahrgenommen oder ignoriert.
3. *Anforderungen der Eltern und Bezugspersonen:* Das Kind reagiert auf die Anforderungen der Eltern/Bezugspersonen abweisend oder nimmt diese aufgrund der aktuellen emotionalen Lage (Ärger, Wut) oder der stark impulsgeleiteten Aktivitäten nicht wahr.
4. *Drohungen der Eltern und Bezugspersonen:* Durch die Belastungen drohen die Eltern/Bezugspersonen, kündigen mitunter unrealistische Strafen an oder wirken hilflos und resignieren vor dem Widerstand des Kindes.
5. *Konsequenzen:* Das Kind entzieht sich der Anforderung durch noch massivere Aggression und entsprechend steigern Eltern/Bezugspersonen die Drohungen usw.

6. *Langfristige Konfliktbilanz:* Die Anspannung im Sozialkontakt steigt an, die unterstellte Feindseligkeit wird bestätigt.

Der Kasten illustriert eine ungünstige Interaktion zwischen einem Kind und seinen Eltern/Bezugspersonen. Der Teufelskreis verdeutlicht, dass es schon sehr früh zu Interaktionsabläufen und dann kaum mehr regulierbar zu einer „Interaktionsblockade" kommt, die den Blick für positive Problemlösungen völlig verstellt. Es ist naheliegend, dass man im Alltag möglichst frühzeitig eine solche Eskalation unterbrechen muss. Dies ist häufig jedoch besonders schwierig, da die ungünstigen Verhaltensgewohnheiten in der Familie und im sozialen Umfeld (Kindergarten, Schule) gut „eingeübt" sind und oft die einzige Form des Umgangs mit Konflikten darstellen.

Betrachtet man die Lebensumstände von Familien, bei denen solche Teufelskreise besonders massiv auftreten, dann findet man häufig soziale Probleme (z. B. Arbeitslosigkeit, berufliche Überforderung) oder auch psychische Probleme der Familienangehörigen (z. B. Alkoholkrankheit, Depression, Partnerkonflikte). Diese schwierigen Lebensumstände bewirken, dass Eltern den Verhaltensproblemen ihrer Kinder nicht mit Ruhe und Gelassenheit sowie mit Toleranz begegnen, sondern stattdessen schneller mit Verboten und übermäßigen Strafen reagieren. Dies verschärft sich dann noch, wenn Kritik und Streit mit der Nachbarschaft, Druck aus dem Kindergarten oder der Schule hinzukommen. Die ungünstigen sozialen Einflüsse, wie z. B. konfliktbelastete Lebensverhältnisse, wirken sich auch schon im Säuglingsalter ungünstig aus. So können alltägliche Routinen, wie z. B. die Pflege, die Ernährung und der Schlaf-Wach-Rhythmus des Kindes, gestört sein. Die Wahl des kindlichen Schlafplatzes kann vollkommen ungeeignet sein. Die Säuglinge wachsen manchmal in Wohnungen mit zu vielen Personen auf und werden von ihren älteren Geschwistern, Großeltern oder zufällig in der Wohnung anwesenden Personen betreut. Häufig sind die elterliche Aufmerksamkeit und die emotionale Zuwendung gegenüber dem Säugling durch die äußere Belastung oder eine psychische Belastung eingeschränkt.

8 Was kann man tun?

Eine wichtige Grundregel bei der Auswahl von Hilfen für Kinder mit aggressivem Verhalten ist, dass die Hilfe da einsetzen soll, wo die Probleme auftreten: beim Kind, der Familie, im Kindergarten oder in der Schule. Da es sich beim aggressiven Verhalten um ein äußerst stabiles und schwer änderbares Verhalten handelt, sollte man immer versuchen, auf mehreren Ebenen eine Änderung herbeizuführen. In den weiteren Kapiteln wird zwischen der Arbeit mit Bezugspersonen (Eltern/Erzieherin/Lehrkraft), der Arbeit mit dem Kind im Sinne der „Selbsthilfe“ und psychotherapeutischen Hilfen unterschieden. Des Weiteren wird knapp auf die Möglichkeiten der Kinder- und Jugendhilfe, also eine in der Regel umfassende, vor allem sozialpädagogische Betreuung massiv auffälliger Kinder, eingegangen. Die folgenden Kapitel möchten also folgende Fragen beantworten:

- Was können Eltern, Erzieherinnen und Lehrkräfte tun?
- Was können Kinder tun?
- Was können Kinder- und Jugendlichenpsychotherapeuten tun?
- Welche anderen Hilfen gibt es?

9 Was können Eltern, Erzieherinnen und Lehrkräfte tun?

In diesem Kapitel werden die Möglichkeiten von Eltern, Erzieherinnen und Lehrkräften kombiniert dargestellt, da viele Hinweise für Eltern sich mit den Empfehlungen für andere Bezugspersonen überschneiden. Manche Hinweise kann man auch als allgemeine Empfehlung zur Kindererziehung begreifen. Mehr als in der Kindererziehung generell gilt für den Umgang mit aggressiven Kindern, dass Sie

- die positive Beziehung zu Ihrem Kind stärken, die durch Auseinandersetzungen häufig stark belastet ist;
- klare Regeln aufstellen;
- Ihr Kind loben, wenn es etwas gut gemacht hat – vor allem dann, wenn es Regeln einhält und
- sich konsequent verhalten, wenn das Kind Regeln übertritt, ohne dabei nachtragend zu sein.

Aggressives Verhalten darf nicht zum Erfolg führen, das heißt ein schreiendes und tobendes Kind darf sein Ziel nicht erreichen, das es mit aggressiven Mitteln durchsetzen will. Ebenso darf ein aggressives Kind eine Anforderung, eine sinnvolle Regel und Grenzsetzung nicht umgehen. In solchen Fällen reagieren Sie ruhig und setzen angemessene negative Konsequenzen ein. Unter „negativen Konsequenzen" sind keine unverhältnismäßigen Strafaktionen zu verstehen, sondern eine Handlung, die sich als natürliche Folge des aggressiven Verhaltens ergibt (vgl. Kasten „Natürliche Konsequenzen").

Hierdurch lernt ein Kind die Konsequenzen seines Handelns kennen und bekommt Verantwortung dafür übertragen. Beschädigt ein Kind beispielsweise etwas oder verletzt es andere, so kann eine Wiedergutmachung eine sinnvolle Strafe sein. Verweigert ein Kind die Wiedergutmachung, so kann ihm ein Privileg, also etwas Positives entzogen oder nicht gewährt werden (z. B. fernsehen, ein Computerspiel). Solche Aktionen sollten nicht mit Schimpfen Ihrerseits verbunden sein, sondern in Ruhe, mit großer Eindringlichkeit und Bestimmtheit erfolgen. Wichtig ist jedoch, dass Sie nicht nur mit Bestrafung reagieren, sondern genauso häufig Ihr Kind auch loben und anerkennen, wenn es in Situationen, die sonst schwierig sind, sich anders, nämlich nichtaggressiv verhält.

Merke: Natürliche Konsequenzen, wenn Aufforderungen und Regeln nicht befolgt werden (gekürzt nach Döpfner et al., 2013)

1. Unter natürlichen negativen Konsequenzen versteht man:
   - Wiedergutmachung (z. B. Kind wischt den verschütteten Tee auf).
   - Ausschluss aus der Situation (z. B. das Kind wird aus dem gemeinsamen Spiel ausgeschlossen, weil es sich nicht an die Spielregeln hält).
     Wichtig: Vom Kind muss der Ausschluss als negativ empfunden werden.
   - Entzug von Privilegien (z. B. das Kind kann den Freund erst besuchen, wenn die Hausaufgaben gemacht sind).
   - Einengung des Handlungsspielraums (vor allem bei jüngeren Kindern; z. B. führen Sie Ihr Kind zu den Schuhen, die es aufräumen soll).
2. Natürliche Konsequenzen sollten sich direkt aus dem Problemverhalten ergeben, durchführbar sein, sofort und regelmäßig erfolgen.
3. Hält sich das Kind nicht an die Regel oder Aufforderung, dann gehen Sie zur Durchführung der negativen Konsequenzen wie folgt vor:
   - Benennen Sie die Regelverletzung und kündigen Sie die negativen Konsequenzen an.
   - Geben Sie Ihrem Kind eine Chance, falls das Problemverhalten noch andauert.
   - Geben Sie Ihrem Kind die Möglichkeit, sich zu der Regelverletzung zu äußern.
   - Begründen Sie, wenn nötig, noch einmal kurz die Regel.
   - Führen Sie die negative Konsequenz durch.
4. Führen Sie keine langen Diskussionen mit Ihrem Kind.
5. Führen Sie die negative Konsequenz möglichst ruhig durch.

Konsequenzen kann man in natürliche und soziale Folgen untergliedern. *Natürliche Folgen* treten ein, da es Naturgesetze gibt, die sich zwangsläufig ereignen. Ein Kind zerstört aus Wut ein Spiel, da es wiederholt bei diesem Spiel verloren hat. Da dieses Spielmaterial nicht ersetzt wird, fällt dieses Gesellschaftsspiel zukünftig (zumindest für einen definierten Zeitraum) aus.

Logische Folgen ereignen sich, wenn klar festgelegte und bekannte Regeln (z. B. Hausaufgaben erledigen) oder die Schulordnung nicht befolgt werden. Solche Regelverletzungen müssen mit Konsequenzen verknüpft werden, die idealerweise mit dem Kind/der Schülerin bzw. dem Schüler/der Klasse erarbeitet werden. Es handelt sich um Wenn-Dann-Regeln. Das Kind, die Schülerin bzw. der Schüler oder die Schulklasse weiß also vorher, was passiert, wenn eine Absprache nicht eingehalten wird. Abmachungen wirken nur, wenn sie

- eindeutig und konkret (bezogen auf einen Anlass) formuliert sind,
- altersgemäß für ein Kind gut bewältigbar sind,
- im Ergebnis von Eltern/Bezugspersonen leicht beurteilbar sind sowie
- konsequent von Eltern/Bezugspersonen eingefordert werden.

Wird eine Abmachung nicht beachtet oder tritt eine andere Regelverletzung ein, dann müssen die Folgen (Konsequenzen) von Eltern/Bezugspersonen leicht durchführbar sein, sofort und immer in der gleichen Weise erfolgen.

Beispiele für Wenn-Dann-Regeln enthält der folgende Kasten.

Merke: Beispiele für Wenn-Dann-Regeln

- *Regel mit negativer Folge:* Wenn du heute länger als abgesprochen Playstation spielst, dann fällt morgen das Playstation-Spiel aus.
- *Regel mit positiver Folge:* Wenn du zum festgelegten Zeitpunkt abends im Bett liegst, erzähle ich dir eine Gute-Nachtgeschichte.
- *Regel für ein elfjähriges Kind (mit negativer Folge):* Wenn du diese Woche an zwei Tagen länger Playstation spielst als verabredet, dann ist die nächste Woche Playstation-frei.

Zentral ist beim Umsetzen von Folgen: Ruhe bewahren, die Regeln nochmals dem Kind gegenüber aussprechen und die verabredeten Konsequenzen sofort umsetzen.

Prinzipiell lassen sich Wenn-Dann-Regeln mit einer negativen oder positiven Folge verknüpfen. Eine Konsequenz wirkt nur, wenn sie vom Kind auch als negativ empfunden wird. Dies ist gegeben, wenn eine angenehme Aktivität begrenzt wird oder befristet wegfällt. Fällt eine begehrte Aktivität weg, dann muss man mit Widerstand auf Seiten des Kindes rechnen. Damit die Konsequenz für alle Beteiligten akzeptabel wirkt, muss sie in einem angemessenen Verhältnis zum Anlaß stehen und in den zeitlichen Auswirkungen für ein Kind überschaubar sein. So kann ein sechsjähriges Kind schlecht einen Zeitraum von einer Woche oder mehr abschätzen, sodass es für diese Altersgruppe besser wäre Tag-für-Tag-Regeln festzulegen (siehe Kasten oben).

Sehr wirkungsvolle Konsequenzen, die zugleich eine soziale Lernchance beinhalten, bilden verschiedene Formen der Wiedergutmachung. Ein Kind zerstört mit Absicht einen Gegenstand (Spiel, Buch), um einen Alterskameraden zu verletzen, dann ist die Beschaffung eines Ersatzes, eine ausführliche Entschuldigung und die Übernahme einer Zusatzaufgabe, die das „Opfer“ als Akt der Wertschätzung empfindet, eine angemessene Konsequenz.

Prinzipiell sind Lob und der Einsatz von positiven Folgen besonders wirksam; diese Arten der Bekräftigung müssen in der Kindererziehung im Vordergrund stehen. Vielfach muss man sich dazu die (manchmal versteckten) Stärken und liebenswerten Eigenschaften eines Kindes nochmals vor Augen führen. Der Alltagsstress in Familie und Schule sowie die ständigen (kleinen und großen) Alltagskonflikte verstellen häufig dafür den Blick.

Noch ein Hinweis zum Schluss: Beschränken Sie sich auf wenige, klar formulierte Wenn-Dann-Regeln. Zum Start reicht es aus, mit einer Regel zu beginnen. Formulieren Sie nur solche Regeln, von denen Sie annehmen, dass Sie sie auch umsetzen können. Bitte führen Sie sich immer die Funktion von Regeln vor Augen: Regeln sollen nicht als Strafen für Missetaten der Vergangenheit „verhängt“ werden, sondern ein harmonisches Zusammenleben in der Zukunft ermöglichen. Regeln sollen also einem Kind Orientierung geben und schrittweise den Alltag in der Familie und Schule entlasten. Ist ein Kind an Wenn-Dann-Regeln und konsequentes Handeln nicht gewöhnt, dann wird es das Vorgehen als große Einschränkung erleben und sich anfangs oft massiv dagegen wehren; vorübergehend kann dann aggressives Verhalten noch stärker auftreten.

10 Falsche und richtige Zuwendung

Durch gezielte Zuwendung helfen Sie Ihrem Kind, eine soziale Orientierung zu gewinnen. Häufig verhalten sich Bezugspersonen aggressiver Kinder inkonsequent und loben wenig oder gar nicht. Gerade aggressiv auffällige Kinder benötigen jedoch ein hohes Maß an positiver Zuwendung (Lob) für die Aktivitäten, die gelingen oder zumindest im Ansatz gelingen. Dies kann bedeuten, dass Sie bei einem aggressiven Kind kleine Verhaltensfortschritte (z. B. kooperatives Verhalten, wie das unaufgeforderte Aufräumen der Spielecke) oder andere – bei unauffälligen Kindern selbstverständliche – Dinge durch Lob unterstützen müssen.

Viele Eltern, Erzieherinnen und Lehrkräfte glauben, dass durch Ermahnen, Nörgeln oder Schimpfen ein Problemverhalten verschwindet. Leider tragen solch negative Formen der Zuwendung dazu bei, dass das Verhalten, das Sie verhindern wollen, besonders stark ausgeprägt wird. Nur keine Zuwendung zeigen, also ein Verhalten völlig ignorieren, hat zur Folge, dass aggressives Verhalten in den Hintergrund rückt. Für viele Eltern ist es jedoch äußerst schwierig, diese Form der neutralen (also nicht von Wut, Ärger oder Verzweiflung gekennzeichneten) Abgewandtheit (= sozialer Ausschluss) zu praktizieren.

Vermutlich handelt es sich bei der stillschweigenden Zustimmung (Duldung) um die folgenschwerste Verstärkung aggressiven Verhaltens. Duldung äußert sich darin, dass Eltern, Erzieherinnen oder Lehrkräfte dem aggressiven Verhalten von Kindern tatenlos zuschauen. Duldendes Verhalten tritt in verschiedener Form auf: So wartet der Klassenlehrer auf die erlösende Pausenglocke, um die als hochgradig anstrengend erlebte Klasse endlich loszuwerden. Der Vater duldet die körperliche Aggression seines Sohnes, da er als Junge auch ein Raufbold war und in einem solchen Problemverhalten kein Risiko für die weitere Entwicklung empfindet. Manche Eltern begrüßen es auch undifferenziert, wenn sich ihr Kind im Konflikt mit Gleichaltrigen nichts gefallen lässt.

Die Gründe für duldendes Verhalten sind sehr unterschiedlich: Manche Bezugspersonen fühlen sich überlastet, andere ohnmächtig oder verhalten sich uninteressiert und verantwortungslos. Die beschriebene stillschweigende Zustimmung unterscheidet sich somit deutlich vom Nichtbeachten der Ag-

© Klaus Gehrmann

gression; Nichtbeachten bewirkt nämlich, dass sich aggressives Verhalten verringert.

Im Unterricht mit aggressiven Schülern sollten zwei Aspekte besonders beachtet werden:

1. Klare Regeln und Grenzen setzen, die die Erwartungen bei den Schülern, aber auch den Unterrichtsverlauf strukturieren.
2. Im Unterricht sollten gezielt positive und negative Rückmeldungen gegeben werden. Besonders sind solche Fälle hervorzuheben, in denen sich der Schüler bzw. die Schülerin an abgesprochene Regeln hält.

Merke:

Begründete und angekündigte Konsequenzen auf aggressives Verhalten müssen unmittelbar, ohne Ausnahme und weitschweifige Erklärungen erfolgen. Durch konsequentes Handeln erleben Schüler ihre Lehrkräfte als kalkulierbar und verlässlich – dies trifft auf Situationen mit positiver und negativer Rückmeldung zu.

Vor allem bei aggressiv auffälligen Schülern ist die Lehrer-Schüler-Interaktion oft so belastet, dass die positiven Anteile sowohl vonseiten der Lehrkraft als auch vom Kind kaum mehr wahrgenommen werden können. Aus diesem Grund ist es sehr wichtig, dass die Lehrkraft die positiven Anteile im Lehrer-Schüler-Kontakt stärker hervorhebt. Lehrkräfte sollten Möglichkeiten zum Einzelgespräch (während der Pause, am Ende der Unterrichtsstunde) nutzen, um gezielt die positiven Verhaltensweisen eines Schülers anzusprechen und zu bekräftigen. Für solche Gespräche genügen kurze Gespräche/Hinweise, die eine Länge von ein oder zwei Minuten haben und problemlos am Ende der Unterrichtsstunde erfolgen können.

Für eine erfolgreiche Arbeit der Lehrkraft ist ein enger Kontakt mit den Eltern notwendig; dies bedeutet, dass ein regelmäßiger Austausch erforderlich ist, um die auftretenden Probleme aus dem Schulkontext besprechen zu können. Da in der Regel die Anforderungen in der Schule einengender gestaltet sind als in der Familie, ist es wahrscheinlich, dass in der Schule mit aggressiven Kindern massivere Probleme auftreten. So ist es leicht denkbar, dass Eltern die Berichte der Schule in Frage stellen und ihr Kind – zumindest trifft dies bei Grundschülern häufiger zu – stark vor den vermeintlichen Angriffen der Schule in Schutz nehmen wollen. So entsteht schnell eine Rivalität im Sinne der wechselseitigen Schuldzuweisung, die letztlich die Probleme eines Kindes vergrößern und eine Problembearbeitung in die Zukunft verlagern.

Hat die Schule bereits viele Initiativen mit dem Kind und der Familie unternommen, dann sollte man, bevor man eine Hilfe vonseiten des Jugendamtes (Maßnahme zur Erziehungshilfe) in Erwägung zieht, den Eltern empfehlen, professionelle Hilfe in Anspruch zu nehmen (vgl. Kapitel 13).

Die Schule ist zweifellos – neben der Familie – der wichtigste, relativ konstante Bezugspunkt für Kinder. In der Schule werden positive, aber auch negative Verhaltensweisen eingeübt; so gesehen ist die Schule auch ein Lernfeld für Aggressivität und Gewalttätigkeit. Verdeutlicht man sich diese Chancen und Risiken der Erziehung im schulischen Umfeld, sollte auf verschiedenen Ebenen Prävention betrieben werden.

Eine Möglichkeit bieten für den schulischen Bereich Programme zur systematischen Verhaltensförderung, die seit Ende der 1990er Jahre in Deutschland immer populärer werden. Es handelt sich um sogenannte Sozialtrainings mit Schulklassen; solche Programme werden zum Beispiel für Schulanfänger und in der Grundschule von einer Lehrkraft durchgeführt. Diese Ansätze basieren auf der Überzeugung, dass der Schule zukünftig immer stärker auch die Aufgabe zukommt, Defizite im Sozialverhalten aufzufangen. So dürfte vor allem die Grundschule und Orientierungsstufe mit solchen Aufgaben konfrontiert werden. In beiden Altersgruppen handelt es sich um sensible Entwicklungsphasen, in denen Schüler ein besonderes Maß an sozialer Orientierung benötigen und in denen gehäuft Verhaltensstörungen zu beobachten sind. In solchen Entwicklungsphasen verändern sich die sozialen Anforderungen, die nur mit bestimmten sozialen Fertigkeiten positiv bewältigt werden können. Konkret müssen neue Verhaltensweisen aufgebaut und positive soziale Fertigkeiten gefestigt werden. Um aggressivem Verhalten vorbeugen zu können, sind vor allem folgende Ziele wichtig:

- Gefühle angemessen zeigen (Ärger, Freude, Trauer),
- mit Lob umgehen können und andere loben,
- angemessen ablehnen und sich selbst behaupten können,
- Wünsche akzeptabel äußern können,
- mit berechtigter Kritik und
- mit ungerechtfertigter Kritik umgehen können.

Die genannten Ziele lassen sich mit der Schulklasse im Rahmen eines sozial-emotionalen Kompetenztrainings umsetzen. Zur Verhaltensförderung können Rollenspiele, Gruppen- und Frontalunterricht herangezogen werden. Ein Vorgehen muss so aufgebaut sein, dass zunächst Basisverhaltensweisen (z. B. eine Bitte äußern können, kooperatives Verhalten zeigen) angegangen werden. Sind solche Ziele erreicht, dann sind komplexere Inhalte zu vertiefen (z. B. angemessen sich selbst behaupten oder mit ungerechtfertigter Kritik angemessen umgehen können). Besonders schwer ist es für aggressive Schüler, sich mit einem „Fehlverhalten" eines Mitschülers oder einer unberechtigten Strafe durch eine Lehrkraft kompetent auseinanderzusetzen.

Präventiv einsetzbare, schulbezogene Förderprogramme umfassen in der Regel um die 20 Unterrichtsstunden (meistens Doppelstunden). Sie können von einer Lehrkraft durchgeführt werden, die sich in den Prinzipien der Lern- und Verhaltenspsychologie fortgebildet hat. Besonders bewährt hat es sich, wenn der Klassenlehrer das Verhaltenstraining durchführt. Wichtig ist dabei, dass der Klassenlehrer die ersten Verhaltenstrainings unter Supervision umsetzt und ausreichend Lernhilfen zur Verfügung hat. In der Regel liegen zur Durchführung publizierte Arbeitsmaterialien und erprobte Anleitungen (Manuale) vor, die Sozialverhalten aus dem Schulalltag thematisieren (vgl. www.praeventions-forum.de). Die Unterrichtsstunden werden nach erprobten Strukturen und mit entsprechenden didaktischen Vorgaben realisiert. Durch die didaktischen Vorgaben soll die Motivation und Betroffenheit der Schüler gesteigert und der Transfer des Gelernten auf den Alltag erleichtert werden.

Streit-Schlichter-Training

Eine weitere Möglichkeit in der Sekundarstufe bieten Streit-Schlichter-Trainings. Hierbei werden Schüler als Vermittler bei der Konfliktbearbeitung qualifiziert/trainiert und sollen als Mediatoren anderen Schülern bei der Konfliktlösung helfen. Beim Streit-Schlichter-Training geht es vor allem darum, die Selbstregulation eines Schülers und seine Fähigkeit zum Perspektivenwechsel zu verbessern. Selbstregulation bedeutet, die eigene Impulsivität besser steuern zu lernen und damit von äußeren Einflüssen relativ unabhängig zu werden. Wird die Fähigkeit zur Selbstregulation durch Prinzipien des Belohnungsaufschubs eingeübt, dann gelingt den Schülern auch, längerfristige positive Ziele (z. B. Fairness, Toleranz) zu erreichen. Selbstregulation schließt auch die Steuerung negativer Emotionen (z. B. Ärger, Wut) mit ein. Ein Perspektivenwechsel trägt dazu bei, die Sichtweise von Opfern gewalttätiger Handlungen nachzuvollziehen. Das Streit-Schlichter-Training für die Sekundarstufe von Jeffreys und Noack (1995) umfasst zum Beispiel folgende Inhalte:

- Sensibilisieren für soziale Konflikte und deren Ausgänge,
- Toleranz und Empathie erproben und festigen,
- Emotionen besser erkennen und ausdrücken lernen,
- Selbstkontrolle einüben und durch Lob Unterstützung dabei erfahren,
- Sich akzeptabel mitteilen,
- Zuhören und konzentrieren,
- Konfliktlösung suchen und Kompromisse anstreben.

11 Fünf hilfreiche Prinzipien für Eltern und Bezugspersonen

Aggressives Verhalten wird durch unser soziales Miteinander in der Familie, Schule und der Gesellschaft stark geprägt. Dieser Einfluss erfolgt meistens unbemerkt, aber sehr nachhaltig. Aus diesem Grund ist es wünschenswert, das soziale Miteinander zu überdenken und folgende Prinzipien im Umgang mit aggressiven Kindern zu beachten:

1 **Achten Sie darauf, welches Vorbild Sie für Ihr Kind sind.** Fragen Sie sich beispielsweise, ob Sie selbst durch provokantes oder strafendes Verhalten ein negatives Vorbild sind. Wie häufig beschimpfen Sie Ihr Kind oder nörgeln es an. Versuchen Sie bitte, diese eigenen ungünstigen Verhaltensweisen zukünftig besser in den Griff zu bekommen.

2 **Helfen Sie Ihrem Kind, Konflikte mit anderen zu lösen.** Manche Kinder mit aggressivem Verhalten nehmen sehr schnell eine Situation als feindselig wahr und finden keine gute Möglichkeit der Konfliktlösung. Wenn Ihr Kind einen Konflikt mit anderen Kindern hat, dann sprechen Sie mit ihm in einer möglichst ruhigen Situation darüber, wie der Konflikt zustande kam, was seine eigenen Anteile daran sind, welche Lösungsmöglichkeiten es gibt und was die Vor- und Nachteile der einzelnen Lösungen sind.

3 **Helfen Sie Ihrem Kind, bei Konflikten ruhig zu bleiben.** Manchen Kindern mit aggressivem Verhalten fällt es schwer, bei einem Konflikt ruhig zu bleiben. Aus diesem Grund sollten Sie mit Ihrem Kind besprechen, was es tun kann, um sich in einem solchen Fall erst einmal zu beruhigen und erst dann zu handeln.

4 **Achten Sie darauf, mit wem Ihr Kind regelmäßigen Kontakt hat.** Kinder mit aggressivem Verhalten haben häufig Umgang mit solchen Gleichaltrigen, die ähnliche Probleme aufweisen. Sie finden in solchen Gruppen die Anerkennung, die sie sonst von Gleichaltrigen nicht erhalten. In solchen Gruppen werden Kinder jedoch noch zu problematischerem Verhalten angeregt. Aus diesem Grund ist es wichtig, dass Sie einen Überblick darüber haben,

mit wem Ihr Kind Sozialkontakte pflegt. Versuchen Sie Alternativen anzubieten, zum Beispiel Aktivitäten in Sportvereinen oder Freizeitgruppen.

5 **Schützen Sie Ihr Kind bei Regelverstößen nicht vor den Folgen.** Viele Kinder übertreten schon einmal wichtige soziale Regeln, zum Beispiel, wenn sie die Schule schwänzen oder in der Straßenbahn „schwarz“ fahren. Nicht jede Verhaltensabweichung ist sehr problematisch, dennoch sollten Sie dafür sorgen, dass Ihr Kind die natürlichen Folgen seines Handelns erfährt. Regeln Sie nicht die Folgen für das Kind. Es ist wichtig, dass Ihr Kind frühzeitig die Konsequenzen seines Handelns trägt und nicht erst dann, wenn es als Jugendlicher vor Gericht steht.

12 Was können Kinder tun?

Dieses Kapitel wendet sich an Kinder ab dem Alter von zehn Jahren. Dieser Ratgeber informiert über Kinder, die im Umgang mit anderen häufig „anecken“, ihren Ärger schlecht in den Griff bekommen und bei vielen Kindern nicht beliebt sind, da sie ständig das Spiel oder das Zusammensein ihrer Alterskameraden stören.

Kinder mit aggressivem Verhalten ecken jedoch nicht nur bei Gleichaltrigen an, sondern haben meistens auch Probleme in der Schule und vor allem mit ihren Eltern. Da du dich selbst am besten kennst, kannst du dir – wenn du willst – auch gut helfen. Wir stellen dir aus diesem Grund einige Tipps zusammen, die schon anderen in deiner Lage geholfen haben. Hier unsere Tipps (vgl. Kasten).

Merke: Fünf Tipps für Kinder, um die eigene Wut in den Griff zu bekommen

1. Verschaffe dir Klarheit über deine Probleme!
2. Bestimme deine Ziele und mache einen Plan!
3. Gehe die Probleme frühzeitig an!
4. Suche dir bei Konflikten neue Lösungen!
5. Übe die neuen Lösungen!

1 **Verschaffe dir Klarheit über deine Probleme!** Überlege dir ganz genau, wo deine Probleme sind. Bleibe nicht bei allgemeinen Aussagen stehen (z. B. der Lehrer mag mich nicht, die anderen sind doof, ich kann mich nicht beherrschen), sondern versuche, jedes einzelne Problem möglichst genau zu beschreiben (z. B. wenn man mich kritisiert, sehe ich rot; die anderen wollen mich nicht mitspielen lassen, dann mache ich halt das Spiel kaputt; meine Kameraden reden schlecht über mich, das zahle ich denen dann heim).

© Klaus Gehrmann

2 **Bestimme deine Ziele und mache dir einen Plan!** Wenn du dir klar darüber bist, dass du etwas an deinem Verhalten ändern willst, dann gehe in kleinen Schritten vor – ohne das große Ziel aus den

Augen zu verlieren. Wenn du einen Schritt erreicht hast, freue dich darüber und lobe dich dafür oder unternehme etwas Schönes. Manchmal ist es auch hilfreich, wenn du dann mit Familienmitgliedern (deinen Geschwistern und/oder Eltern) etwas unternimmst, was ihr euch schon lange vorgenommen habt (z. B. einen Ausflug). Schöne gemeinsame Dinge mit deiner Familie helfen dir auch dabei, manchen Streit und manche Auseinandersetzung zu überwinden. Nehme dir auch schöne Dinge mit deinen Freunden vor (z. B. einen Kinobesuch). Suche dir deine Freunde dafür genau aus. Wenn Ihr in der Gruppe oder du alleine andere ärgert, dann ist das nicht o.k. Geht mit euren Kameraden so um, wie du dir wünscht, dass deine Freunde/Kameraden mit dir umgehen. Rede mit deinen Freunden, mit denen du die meiste Zeit verbringst, darüber. Bei solchen Gesprächen bist du dann ein Held, wenn du Mut hast und eine eigene Meinung hast. Sei kein Mitläufer, der sich zu jeder Verrücktheit verführen lässt oder feige anpasst. Sage deinen Freunden zum Beispiel, dass ein Zeichen von Stärke ist, wenn man

- Schwächeren hilft,
- einen Streit fair führt,
- großzügig ist und nachgibt (anderen Recht gibt).

3 **Gehe die Probleme frühzeitig an!** Du denkst dir manchmal, dass deine Eltern, Lehrer und Kameraden dir Böses wollen. Die Lehrer trauen dir in der Schule nichts zu; deine Eltern glauben, dass

du in der Schule ein Faultier bist und nur Quatsch im Kopf hast. Von deinen Freunden vermutest du, dass sie nur zu dir halten, weil du stärker bist als sie und sie unter Druck setzt, wenn sie eine andere Meinung haben als du. Bei vielen deiner Freunde, so denkst du häufig, musst du immer auf der Hut sein, dass du nicht reingelegt wirst. Wenn du ganz schlecht drauf bist, siehst du überall Feinde, willst dich verteidigen und bist auf „Rache" aus.

Jeder von uns sieht die Welt mit seinen eigenen Augen, aber viele Vermutungen, zum Beispiel, dass andere einem etwas Böses wollen, treffen so nicht zu. Wenn du wütend bist und andere dich ärgern, sieht man die Welt einseitig und fühlt sich angegriffen. Mit solchen Unterstellungen rasselt man schnell in einen Streit. Nicht jeder, der einen kritisiert, ist ein Feind und nicht jeder, der sich wehrt, will einem etwas Böses. Um Probleme frühzeitig in den Griff zu bekommen, prüfe

- wann du andere als Feinde wahrnimmst und ihnen von Anfang an keine Chance gibst, eine Freundschaft zu dir zu entwickeln;
- wann dich Dinge/Personen wütend machen, ohne dass sie dir etwas getan haben.

4 **Suche dir bei Konflikten neue Lösungen!** Manchmal ist im Leben ein Streit nicht zu vermeiden, wichtig ist dann, wie man mit einem solchen Konflikt umgeht. Es ist zwar im ersten Moment schön, der Sieger in einem Streit zu sein, allerdings muss man damit rechnen, dass der Verlierer einen beim nächsten Mal „reinlegt" oder irgendwie sonst sich eine „Rache" ausdenkt. Auch zwischen Eltern und Kindern sowie Lehrkräften und Schülern kann es solche Erpresserspiele geben, bei denen aus einem kleinen Streit (z. B. einer Kritik) ein großer Konflikt wird. Bei solchen Konflikten kann man nur das Schlimmste vermeiden, wenn man Tricks anwendet.

Vielen Kindern hilft es, sich zu beruhigen, wenn die erste Wut aufkommt. Sich beruhigen ist sehr schwer, da man manchmal gar nicht anders kann als zu „platzen" – manchmal geht „platzen" auch in Ordnung. Besser ist jedoch „stark sein und die Nerven bewahren", „an was Schönes denken", „erst bis Fünf zählen, bevor man ausrastet“ oder „nachfragen, was den anderen geärgert hat“. Solche neuen Lösungen sind schwer umzusetzen, da man nie weiß, ob man mit dieser freundlichen Art „offene Ohren“ vorfindet.

5 **Übe die neuen Lösungen!** Neues auszuprobieren ist nie einfach und deine Kameraden, die du schon lange kennst, werden sich wundern und einige werden deine „faire und freundliche Art“ vielleicht gar nicht gut finden. Dennoch wirst du langfristig mit deiner neuen Art, auf andere zuzugehen, Erfolge erzielen. Du brauchst dafür viel Mut, um anderen zu zeigen, dass du auch ein freundlicher Typ sein kannst. Du brauchst viele neue Ideen, um die alten Gewohnheiten zu ersetzen. So nach und nach werden sich deine Eltern, Lehrkräfte und Kameraden an deine „neue Art“ gewöhnen und du wirst neue Freunde gewinnen. Um dies hinzukriegen, musst du deine „neue Art“ einüben, damit du „automatisch“ das Neue bei Streit und Wut erinnerst und auch mit Überzeugung machst. Nur Dinge, die man häufig probiert, klappen im Leben gut; dabei ist es normal, dass man manchmal das „Neue“ vergisst und die alten, schlechten Gewohnheiten die Oberhand gewinnen. Lasse dich von solchen Rückschlägen nicht entmutigen, sondern bleibe dran und gib nicht auf.

13 Was können Kinder- und Jugendlichenpsychotherapeuten tun?

Treten die Probleme Ihres Kindes schon sehr lange auf und haben Sie schon viele ergebnislose Versuche unternommen, das „Problem in den Griff“ zu bekommen, dann ist es ratsam, professionelle Hilfe in Anspruch zu nehmen. Ob Sie die Hilfe eines Kinder- und Jugendlichenpsychotherapeuten benötigen, können Sie anhand der folgenden vier Punkte beurteilen (vgl. Kasten).

Merke: Vier Gründe eine psychotherapeutische Hilfe in Anspruch zu nehmen

1. Die Verhaltensprobleme Ihres Kindes sind stark ausgeprägt und beeinträchtigen das Zusammenleben in der Familie und Schule erheblich.
2. Die Probleme Ihres Kindes bestehen schon eine lange Zeit.
3. Die Probleme Ihres Kindes treten in verschiedenen Bereichen auf (z.B. zu Hause, in der Schule, mit Freunden in der Freizeit). Ihr Kind hat dadurch erhebliche Schwierigkeiten in der Familie, im Kindergarten oder in der Schule.
4. In der Familie bestehen noch andere massive Probleme (z.B. Partnerprobleme, eine psychische Krankheit eines anderen Familienmitgliedes, wie z.B. Alkoholprobleme des Vaters oder eine Depression seitens der Mutter).

Treffen mehrere der eben genannten Punkte zu, ist professionelle Hilfe erforderlich. Ein psychotherapeutisches Angebot erfolgt vor allem durch Ärzte oder Kinderpsychologen. In der Kinder- und Jugendlichenpsychotherapie zahlt die Krankenkasse zwei verschiedene Arten von Psychotherapie: die tiefenpsychologisch fundierte Psychotherapie und die Verhaltenstherapie. Bei aggressiven Kindern hat sich die Verhaltenstherapie besonders bewährt.

Prinzipiell kann man auf zwei Wegen zu einem psychotherapeutischen Angebot für Kinder gelangen:

1. Staatliche Stellen oder freie Träger (in der Regel die Caritas oder Diakonie) bieten kostenfreie Angebote in Beratungsstellen (Erziehungsberatungsstellen) an.

2. In Deutschland verfügen wir über ein Netz von niedergelassenen Kinder- und Jugendlichenpsychotherapeuten. Eltern können zusammen mit dem Psychotherapeuten einen Antrag bei der Krankenkasse stellen; sie erhalten – nach einer gewissen Zeit – eine Bewilligung zur Durchführung einer Psychotherapie (z. B. einer Verhaltenstherapie); in der Regel wird diese Bewilligung bei komplexeren Problemen 20 bis 30 oder auch mehr Sitzungen umfassen.

Jeder Kinder- und Jugendlichenpsychotherapeut wird, bevor er eine Therapie durchführen kann, mit Ihnen die Ziele und Problemlage detailliert besprechen; Ihr Kind wird zu Beginn psychodiagnostisch untersucht. Die Problemlösung, die mit Ihnen schrittweise erarbeitet wird, kann in wöchentlich stattfindenden Sitzungen mit Ihrem Kind in die Tat umgesetzt werden. Meist werden soziale Kompetenztrainings mit dem Kind durchgeführt. Im Regelfall ist Ihre aktive Mitarbeit für den Erfolg einer Kinderpsychotherapie zentral. In manchen Fällen – vor allem bei Vorschulkindern – wird der Therapeut mit Ihnen intensiver arbeiten als mit Ihrem Kind. Der Therapeut wird versuchen, die allgemeinen Prinzipien, die in diesem Ratgeber aufgeführt sind, mit Ihnen und Ihrem Kind gemeinsam auf Ihre Lebenssituation anzuwenden. Bei solchen Übungen (= Elterntrainings) lernen Sie in kleinen Schritten, mit Ihrem Kind in konsequenter und grenzsetzender Weise umzugehen. Häufig kann man mit dem neuen (eingeübten) Erziehungsprinzipien das aggressive Verhalten Ihres Kindes erfolgreich reduzieren.

14 Gibt es noch weitere Hilfen?

Wie schon erwähnt, zeichnet sich aggressives Verhalten dadurch aus, dass es häufig sehr stabil ist und im Kindesalter im Verbund mit weiteren Problemen auftritt (z. B. mit Lernproblemen, impulsivem Verhalten im Alltag). Selbstverständlich zeigt das Bemühen von Betroffenen, Pädagogen und Psychotherapeuten Früchte – vor allem wenn ein gut aufeinander abgestimmtes Vorgehen erfolgt. Da die Probleme bereits im Kindergartenalter auftreten, ist es nicht unwahrscheinlich, dass man bis ins Jugendalter mehrmals professionelle Hilfe aufsuchen muss. Vielfach wird man auch Unterstützung im Bereich der schulischen Leistungen brauchen.

Die vielfältigen Probleme aggressiver Kinder machen es jedoch in manchen Fällen erforderlich, auf Angebote der Kinder- und Jugendhilfe zurückzugreifen. Die Kinder- und Jugendhilfe bietet eine Reihe von Angeboten, die von der Erziehungsberatung, der Tageseinrichtung („Tagesgruppe“ einschließlich Hausaufgabenbetreuung), der sozialpädagogischen Familienhilfe bis zur Heimerziehung reichen. Liegen solche Maßnahmen als gruppenpädagogische Angebote (z. B. Tagesgruppen, Wohngruppen in einem Heim) vor, dann ist darauf zu achten, dass hierbei nicht ausschließlich aggressiv auffällige Kinder in einer Gruppe betreut werden. Eine solche einseitige Gruppenzusammensetzung führt zwangsläufig dazu, dass sich Kinder mit aggressivem Verhalten in ihrem Problemverhalten wechselseitig verstärken und damit die Problematik unweigerlich zunimmt. Im Rahmen solcher Maßnahmen sollte eine ausreichende Anzahl von Kindern vorhanden sein, die nicht ebenfalls durch ihr massiv aggressives Verhalten die Gruppe dominieren.

Über die konkreten Möglichkeiten der Kinder- und Jugendhilfe können Sie sich bei Erziehungsberatungsstellen, beim Kinderarzt, Kinder- und Jugendpsychiater, Klinischen Kinderpsychologen oder Kinder- und Jugendlichenpsychotherapeuten und auch beim Jugendamt direkt informieren.

Literatur

Döpfner, M., Schürmann, S. & Lehmkuhl, G. (2011). *Wackelpeter und Trotzkopf. Hilfen für Eltern bei ADHS-Symptomen, hyperkinetischem und oppositionellem Verhalten* (4., überarb. Aufl.). Weinheim: Beltz.

Döpfner, M., Schürmann, S. & Frölich, J. (2013). *Therapieprogramm für Kinder mit hyperkinetischem und oppositionellem Problemverhalten (THOP)*. (5. Aufl.). Weinheim: Beltz.

Görtz-Dorten, A. & Döpfner, M. (2010). *Therapieprogramm für Kinder mit aggressivem Verhalten (THAV)*. Göttingen: Hogrefe.

Jeffreys, K. & Noack, U. (1995). *Streiten Vermitteln Lösen. Das Schüler-Streit-Schlichter-Programm*. Lichtenau: AOL.

Petermann, F., Döpfner, M. & Görtz-Dorten, A. (2016). *Aggressiv-oppositionelles Verhalten im Kindesalter* (3., veränd. Aufl.). Göttingen: Hogrefe.

Petermann, F. & Petermann, U. (2012). *Training mit aggressiven Kindern* (13., veränd. Aufl.). Weinheim: Beltz.